Inhalt

Mitarbeiterkontrolle

Kernthesen

Beitrag

Fallbeispiele

Weiterführende Literatur

Impressum

Mitarbeiterkontrolle

M.Reiner

Kernthesen

- Unternehmen verzeichnen jährlich hohe Schäden durch private Aktivitäten der Arbeitnehmer während der Arbeitszeit wie z. B. Telefonieren, Internetsurfen- und -chatten oder durch das Herunterladen von Musik und Software. (2), (9)
- Um die Schäden zu regulieren, greifen immer mehr Arbeitgeber auf Kontrollsysteme zurück, die ihnen eine Überwachung der Mitarbeiter ermöglichen. (4), (5), (6)
- Dabei besteht die Gefahr, die Persönlichkeitsrechte der Angestellten zu verletzen und die Motivation und Produktivität in den Betrieben erheblich zu beeinträchtigen. (4),

Beitrag

Viele Angestellte führen private Telefongespräche, surfen oder chatten im Internet, schreiben private E-Mails und laden Musik oder Anwendungsprogramme herunter und das alles während ihrer Arbeitszeit. Die Schäden, die den Unternehmen dadurch entstehen, sind keineswegs zu unterschätzen. Neben der verlorenen Arbeitszeit und mangelnder Produktivität, entstehen erhebliche Kosten durch Viren, die dadurch in das Betriebssystem gelangen können. Auch strafrechtlich müssen Unternehmer die Konsequenz tragen, wenn beispielsweise illegale Inhalte heruntergeladen werden.

Für viele Arbeitgeber ist deshalb der Einsatz technischer Überwachungsanlagen und anderer Kontrollmittel eine Maßnahme, um die Angestellten im Auge zu behalten und ihre tatsächlichen Leistungen und Arbeitszeiten zu überprüfen. Dabei ist mit dem Umgang solcher Instrumente äußerste Vorsicht geboten: Der Grad zwischen der Privatsphäre der Arbeitnehmer und betrieblicher Notwendigkeit ist meistens sehr dünn.

Telefonkontrolle

Das Abhören von Gesprächen ist dem Arbeitgeber grundsätzlich nicht gestattet. Der Arbeitgeber hat jedoch die Möglichkeit, private Gespräche vertraglich zu untersagen. In diesem Fall kann der Arbeitgeber sämtliche Verbindungsdaten wie Zeit, Dauer und Nummer erfassen. Die Datenerfassung unterliegt dem Mitbestimmungsrecht des Betriebrats. Telefoniert der Angestellte trotz Verbot, kann der Arbeitgeber nach erfolgter Abmahnung dem Angestellten kündigen.

Als Alternative kann er eine gesonderte Vorwahlnummer für Privatgespräche installieren und, soweit gewünscht, die Kosten den Arbeitnehmern in Rechnung stellen. Werden Privatgespräche toleriert und schafft ein Angestellter seine Arbeit wegen zu langen Privatgesprächen nicht, kann die Arbeitsleistung nachgefordert werden. (1)

Netzwerkkontrolle (Internet, E-Mail)

Um das Internetsurfen der Mitarbeiter zu kontrollieren, können Arbeitgeber legal den Zugriff auf bestimmte Internetseiten durch eine spezielle Filtersoftware sperren. Dies ist in vielen Fällen schwierig, da eine Abgrenzung zwischen privaten und betrieblichen Interessen oft nicht möglich ist.

Ist eine private Nutzung untersagt, darf der Arbeitgeber Verbindungsdaten wie E-Mail und Internetadressen sowie Art und Dauer der Verbindung aufzeichnen. Dabei unterliegt die Datenaufzeichnung der Zustimmung des Betriebsrates und der Kenntnis der Mitarbeiter. Auf keinen Fall darf der Arbeitgeber die Inhalte lesen oder auswerten. Sollte dies doch einmal erforderlich sein, weil beispielsweise der dringende Verdacht auf eine Strafhandlung vorliegt, muss dies im Beisein des Mitarbeiters geschehen. (2)

Ein immer beliebteres Kontrollinstrument ist z. B. der PC Spion. Die Software speichert, oft ohne das Wissen der Arbeitnehmer, Tastaturanschläge oder Abbildungen dessen, was auf den Bildschirm der Angestellten zu sehen ist. Mit diesen sogenannten Screenshots können Arbeitgeber genau sehen, wie der Mitarbeiter seine Arbeitszeit am PC tatsächlich nutzt. Eine solche heimliche Totalüberwachung lehnen viele Experten ab, da hier ihrer Meinung nach ein Verstoß gegen das Persönlichkeitsrecht vorliegt. Sollte der Arbeitgeber den Spion dennoch installieren, sollten Mitarbeiter über den Einsatz der Überwachungssoftware informiert werden. Wissen Angestellte um den PC Spion, dient er nämlich an sich schon als guter Abschreckungseffekt. (2), (4)

Mit Hilfe von Orange Box können Arbeitgeber ausgehende E-Mails und Attachments filtern. Dadurch können sie verhindern, das interne Daten ungewollt nach außen gelangen.

Weil gesetzlich noch keine eindeutigen Regeln existieren, die zwischen dem Persönlichkeitsrecht des Arbeitnehmers und den legalen Interessen des Arbeitgebers vermitteln, sollte jedes Unternehmen intern den Umgang mit dem Internet und E-Mails regeln. Dies kann im Arbeitsvertrag, in einer gesonderten Erklärung oder in einer Betriebsvereinbarung geschehen. (2), (3)

Videoüberwachung

Der Einsatz von Videokameras ist aus Sicherheitsgründen in vielen Unternehmen verbreitet. Vor allem bei Banken und im Einzelhandel. Der Gebrauch wird zumeist in lokalen Betriebsvereinbarungen geregelt. Dabei stellt sich die Frage, ob Kameras ausschließlich zur Bewachung von Vermögenswerten oder auch zur Leistungskontrolle des Personals eingesetzt werden. Während ersteres zulässig ist, stellt letzteres einen Eingriff in die Persönlichkeitsrechte dar. Sollte hier in Ausnahmefällen eine Videoüberwachung zulässig sein, unterliegt sie der Mitbestimmung durch den Betriebsrat.

Taschenkontrolle und Ausweispflicht

Codierte Ausweiskarten, die den Zugang zu Betriebsräumen freigeben, ohne zu speichern, wann und in welcher Richtung der Raum betreten oder verlassen wird, sind ohne Zustimmung des Betriebsrats zulässig. Taschenkontrollen von Arbeitnehmern hingegen sind mitbestimmungspflichtig.

Detektive

Sollen Detektive engagiert werden, um beispielsweise festzustellen, ob ein Arbeitnehmer seine Krankheit nur vortäuscht, muss ein konkreter Verdacht auf eine strafbare Handlung oder schwerwiegende Vertragsverletzung vorliegen. Ansonsten verstößt der Arbeitgeber gegen das Persönlichkeitsrecht des Angestellten. (5)

Überlegungen

Generell sollte jeder Arbeitgeber abwägen, inwieweit Kontrollmaßnahmen tatsächlich von Nutzen sind und ob Regelungen nicht intern in Erklärungen, Arbeitsverträgen oder Betriebsvereinbarungen festgesetzt werden können. Jedes Überwachungsmittel hat nämlich potentiell den Nebeneffekt, das Betriebsklima in einer Firma und damit auch die Motivation und Produktivität schädlich zu beeinflussen. (2), (4), (5)

Nach Ansicht der EU-Kommission zum Thema Überwachung elektronischer Kommunikation am Arbeitsplatz sind vorbeugende Maßnahmen einer nachträglichen Überwachung vorzuziehen. (3)

Fallbeispiele

In den USA werden knapp ein Drittel der 40 Mio. vernetzten Angestellten von ihrem Arbeitgeber regelmäßig überwacht. Weltweit sind es circa 100 Mio. Der Hersteller Xerox beispielsweise überwacht mit der Aufzeichnungs- und Filtersoftware Websense weltweit 92.000 Mitarbeiter. (4)

Laut Schätzungen kostet privates Internetsurfen Unternehmen mit 5.000 Mitarbeitern um die 20 Millionen Euro im Jahr. Die Aufwendungen für Softwarelizenzen zur Nutzungskontrolle hingegen liegen zwischen 10 und 30 Euro im Jahr pro Arbeitsplatz. (9)

Ohne Abmahnung hat ein Chef seiner Mitarbeiterin fristlos gekündigt, weil sie innerhalb eines Jahres zwischen 80 und 100 Stunden privat im Internet gesurft hatte. Weil von Seiten des Auftraggebers kein ausdrückliches privates Surf-Verbot ausgesprochen wurde, gab das Arbeitsgericht Wesel der Angestellten recht und sah die Kündigung als unrechtmäßig an. (2)

Personalentscheidungen mit Hilfe von Computern können auch als leistungsbezogene Überwachung eingestuft werden. Bei der rechtlichen Handhabung wird zwischen den Interessen von Arbeitgeber und Arbeitnehmer abgewogen.

Neben Krankheitsfällen gilt privates Surfen als einer der Faktoren, der produktives Arbeiten erheblich beeinträchtigt. Der österreichische Sozialrechtsexperte Erhard Prugger hat errechnet, dass Angestellte damit im Durchschnitt 9 Tage im

Jahr verbringen.

Weil ein Einzelhändler den Verdacht hatte, dass eine seiner Angestellten Geld in die eigene Tasche steckt, engagierte er eine Detektivin als Testkäuferin, um sie zu überführen. Als ihr daraufhin gekündigt wurde, ging die Kassiererin vor Gericht. Die Kündigung musste wegen fehlender Beweislast schließlich zurückgezogen werden. (6)

Die Stadt Passau, Wacker-Chemie, die Elf Oil und die Main-Kinzig-Kliniken haben die E-Mail- und Internetnutzung in Betriebsvereinbarungen geregelt. Bei letzteren ist beispielsweise eine Leistungs- und Verhaltenskontrolle der Mitarbeiter anhand der Kommunikationsdaten nicht zulässig. Die Betriebsvereinbarungen der Wacker Chemie und der Stadt Mannheim können im Internet unter www.onlinerechte-fuer-beschaeftigte.de (7) heruntergeladen werden.

Mit der Überwachung elektronischer Kommunikation am Arbeitsplatz beschäftigt sich das von der EU-Kommission herausgegebene Papier der Arbeitsgruppe zum Artikel 19. (3) Online ist es auf Englisch abrufbar bei: www.europa.eu.int (8)

Weiterführende Literatur

(1) Privat-Telefonate - Was Sie dulden müssen und was nicht
aus Arzt & Wirtschaft, Heft 6/2002, S. 33

(2) Broecheler, Birgit, Der PC gehört dem Arbeitgeber. Uneinheitliche Urteile der Arbeitgebergerichte verunsichern Beschäftigte und Arbeitgeber / Totalüberwachung nicht erlaubt, Süddeutsche Zeitung, Ausgabe Deutschland vom 14.08.2002, S. 27
aus Arzt & Wirtschaft, Heft 6/2002, S. 33

(3) Niklaus, Privat auch am Arbeitsplatz. Eine Arbeitsgruppe der EU will die Kontrollrechte von Firmen über ihre Internetzugänge begrenzen: Die Fähigkeit zur Kommunikation mit der Außenwelt ist nicht teilbar, taz vom 04.07.2002, S. 11
aus Arzt & Wirtschaft, Heft 6/2002, S. 33

(4) Totaler Durchblick
aus CYbiz Nr. 06 vom 29.05.2002 Seite 038

(5) Das Leiden kommt an Brückentagen. Blaumachen ist auch Trotzreaktion und sagt etwas über die Motivation im Betrieb aus, Stuttgarter Zeitung vom 10.08.2002, S. 9
aus CYbiz Nr. 06 vom 29.05.2002 Seite 038

(6) URTEILSPRUCH Der vage Verdacht reicht nicht zur Kündigung Detektivin wollte Laden-Angestellte durch Testkäufe überführen
aus Frankfurter Rundschau v. 25.06.2002, S.34, Ausgabe: R Region

(7) www.onlinerechte-fuer-beschaeftigte.de
aus Frankfurter Rundschau v. 25.06.2002, S.34,
Ausgabe: R Region

(8)
www.europa.eu.int/comm/internal_market/en/datapro
aus Frankfurter Rundschau v. 25.06.2002, S.34,
Ausgabe: R Region

(9) Ermert, Monika, Netzzugang. Internet-Filter
erfordern genaue Profile für jeden Mitarbeiter,
Computer Zeitung, Heft 23, 2002, S. 14
aus Frankfurter Rundschau v. 25.06.2002, S.34,
Ausgabe: R Region

Impressum

Mitarbeiterkontrolle

Bibliografische Information der deutschen Nationalbibliothek

Die Deutsche Nationalbibliothek verzeichnet diese Publikation in der deutschen Nationalbibliografie; detaillierte bibliografische Daten sind im Internet über http://dnb.d-nb.de abrufbar.

ISBN: 978-3-7379-1002-6

© 2015 GBI-Genios Deutsche Wirtschaftsdatenbank GmbH, Freischützstraße 96, 81927 München, www.genios.de

Alle Rechte vorbehalten. Dieses Werk ist einschließlich aller seiner Teile – z.B. Texte, Tabellen und Grafiken - urheberrechtlich geschützt. Jede Verwertung außerhalb der Grenzen des Urheberrechtsgesetzes bedarf der vorherigen Zustimmung des Verlags. Dies gilt insbesondere auch für auszugsweise Nachdrucke, fotomechanische Vervielfältigungen (Fotokopie/Mikroskopie), Übersetzungen, Auswertungen durch Datenbanken oder ähnliche Einrichtungen und die Einspeicherung und Verarbeitung in elektronischen Systemen.